RÉPUBLIQUE FRANÇAISE

MINISTÈRE DE LA GUERRE

INSTRUCTION PRATIQUE

SUR LA DESTINATION A DONNER AUX

SUCCESSIONS MILITAIRES

BIENS DES DISPARUS

ET OBJETS TROUVÉS

En ce qui concerne la zone des Armées

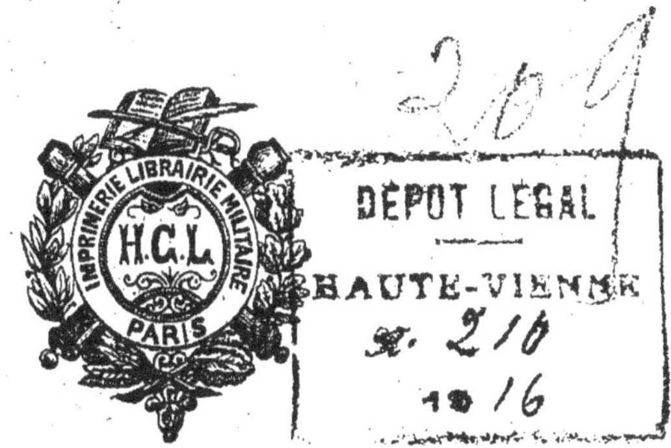

PARIS

HENRI CHARLES-LAVAUZELLE

Éditeur militaire

124, Boulevard Saint-Germain, 124

MÊME MAISON A LIMOGES

1917

RÉPUBLIQUE FRANÇAISE.

MINISTÈRE DE LA GUERRE.

Service général des Pensions ; Cabinet. — N. 14.

Instruction pratique sur la destination à donner aux successions militaires, biens des disparus et objets trouvés.

(En ce qui concerne la zone des armées.)

Classement à l'édition méthodique : *Volume* 28, in fine.

Paris, le 2 juillet 1916.

OBJET DE LA PRÉSENTE INSTRUCTION.

La présente instruction a pour objet de fixer les règles générales d'après lesquelles seront relevés, réunis et transmis les valeurs, sommes ou objets ayant appartenu à des militaires décédés ou disparus aux armées, que ceux-ci aient été identifiés ou non, ainsi que les objets trouvés dans la zone des armées.

CHAPITRE Ier.

DISPOSITIONS GÉNÉRALES. — ORGANISATION DU SERVICE.

Art. 1er. La présente instruction s'applique :

1° A tous les militaires français, créoles, tirailleurs sénégalais, marocains, etc., se trouvant dans la zone des armées qui sont décédés sur le champ de bataille, dans les cantonnements, dans les formations sanitaires ou les infirmeries de gare de la zone des armées ou qui y sont disparus;

2° A ceux de ces militaires faisant partie du corps expéditionnaire d'Orient, des Dardanelles, de Salonique, de la Base, etc., décédés ou disparus sur le champ de bataille, dans les cantonnements, sur le territoire des opérations ou en mer au cours des traversées;

3° Aux militaires de la légion étrangère ou des nations alliées décédés ou disparus dans les lignes ou hôpitaux français pour lesquels l'Etat allié n'a point pris de disposition spéciale;

4° Aux militaires non identifiés;

5° Aux militaires ennemis.

Elle ne s'applique point aux militaires décédés dans les formations sanitaires de l'Afrique du Nord sur lesquelles ils auraient été évacués, ni aux troupes opérant au Maroc pour lesquelles des dispositions spéciales sont prises.

Art. 2. Le bureau des successions militaires reçoit ces successions tantôt pour en opérer lui-même la liquidation, tantôt pour les transmettre aux services compétents français ou étrangers (marocains, alliés, etc.).

Art. 3. En raison de la complexité des prescriptions réglementaires, les opérations que concerne la présente instruction sont confiées à des officiers spécialisés. En principe, les officiers de l'état civil du secteur seront chargés des formalités préliminaires à la liquidation des successions des militaires inhumés sur le champ de bataille, tués à l'ennemi ou *décédés dans les cantonnements*.

Les objets appartenant aux décédés trouvés au cantonnement des unités seront joints à ceux trouvés sur les cadavres, si la remise de ces objets à l'officier d'état civil du secteur peut être faite en temps utile, c'est-à-dire avant l'arrêté des relevés de successions.

Dans le cas contraire, l'envoi de ces objets aux services indiqués ci-après incombe aux corps de troupes.

Les officiers d'état civil des corps ou des formations ne prépareront la liquidation des successions des militaires inhumés sur le terrain que dans le cas où ils ne pourront pas se mettre en relations avec les officiers de l'état civil du secteur.

Les officiers gestionnaires des formations sanitaires continueront à être chargés des formalités préliminaires à la liquidation des successions des militaires décédés dans leurs formations ou reçus en dépôt.

CHAPITRE II.

INDICATIONS GÉNÉRALES SUR LES FORMALITÉS PRÉLIMINAIRES A LA LIQUIDATION DES SUCCESSIONS.

Section 1ʳᵉ. — Envoi des valeurs, sommes ou objets.

Art. 4. Tous les envois dont il sera question dans la présente section devront être effectués dans un délai maximum de quinze jours à compter du décès, de la disparition constatée ou de la découverte des objets.

Art. 5. Valeurs, sommes ou objets ayant appartenu à des militaires français, créoles, tirailleurs sénégalais marocains, de la légion étrangère, ou militaires de nations alliées, décédés et identifiés :

a) Objets divers, portemonnaies, portefeuilles, linge de corps, correspondances, livrets individuels, plaques d'identité, livrets de Caisse d'épargne, etc.

Tous ces objets et vêtements, à l'exclusion de ceux appartenant à l'État, *seront soigneusement emballés dans des sachets en toile, cousus, plombés ou scellés.* Chaque sachet ne comportera qu'une succession individuelle et devra porter *sur une étiquette qui y sera cousue : les nom, prénoms* (indiqués avec un soin particulier), *grade, régiment et compagnie du décédé, sa classe, son recrutement et le numéro matricule du recrutement, si possible le domicile de la famille et enfin l'indication exacte de l'adresse de l'expéditeur.*

L'ensemble des sachets sera parfaitement emballé dans des caisses ou sacs ficelés et plombés avec des plombs à l'empreinte des services expéditeurs; chaque colis portera à l'extérieur, de manière très apparente et en gros caractères l'indication de l'expéditeur, le numéro de l'expédition (qui sera de préférence celui du bordereau d'envoi).

b) Cantines.

Les cantines, soit qu'elles aient fait l'objet d'un inventaire, soit qu'il n'ait pu être procédé à cette opération à raison de ce qu'elles étaient fermées à clef, seront envoyées plombées avec les mêmes formalités. Pour les expéditions de colis multiples, il sera donné à chaque caisse ou sac un numéro d'ordre distinct; en outre les colis porteront sur leurs deux faces l'adresse du destinataire ainsi que la nature du matériel. Les colis ou cantines dont il est question dans la présente section ne devront contenir aucun état, inventaire ou billet d'hôpital, ni leur double, ces documents devant être adressés directement au bureau des successions.

Les envois des objets compris aux paragraphes a) et b) seront faits soit par la poste comme objets recommandés en franchise, soit par chemins de fer avec ordres de transport A, indiquant les plombs et les scellés employés.

Le mode d'envoi sera indiqué sur le bordereau d'envoi qui mentionnera le numéro de l'ordre de transport ou de la recommandation postale, ainsi que le nombre des colis expédiés, avec leurs numéros correspondants.

c) Mandats-poste ou mandats-carte.

Ces valeurs, non touchées par les décédés, seront remises contre récépissé (modèle C), en double expédition au payeur.

d) Valeurs et sommes d'une valeur supérieure à 2 francs (monnaies françaises et monnaies étrangères acceptables dans les caisses publiques).

Les officiers de l'état civil et les gestionnaires remettront ces sommes et valeurs aux payeurs au titre de la Caisse des dépôts et consignations pour les militaires décédés. Toutefois, en ce qui concerne les militaires alliés, le mandat sera délivré sur la Caisse centrale, à l'ordre du chef du Bureau des Successions; le payeur ne visera pas le bordereau.

e) Bijoux, objets précieux et monnaies étrangères n'ayant pas cours légal en France.

Ces objets et sommes, insérés dans des boîtes scellées de cachets de cire ou dans des paquets solidement confectionnés, également cachetés, dont le poids ne dépassera pas 500 grammes, seront remis au service des postes aux armées, sous chargement pour leur transmission en franchise, et, selon le cas, aux services indiqués ci-après.

Toute pièce de monnaie qui par son caractère particulier (telles que certaines pièces de 20, 40, 50, 100 francs ou pièces démonétisées) peut être considérée comme un souvenir de famille ou comme amulette et non comme une monnaie proprement dite, sera considérée comme un bijou; traitée comme telle, elle sera envoyée au Bureau des Successions et ne sera pas remise au payeur.

f) Monnaies françaises ou monnaies étrangères acceptables dans les caisses publiques (ne dépassant pas deux francs).

Ces sommes resteront dans les porte-monnaie ou portefeuilles qui seront placés dans le paquet des successions comprenant les objets divers.

g) Transport des colis.

L'envoi de tous ces objets sera fait par la voie la plus sûre et la plus directe (*B. O.*, É. M., volume 82 *ter*, page 10) :

En gare de Paris-Montparnasse, à l'adresse du Service général des Pensions (*Bureau des Successions*) pour les militaires français, alliés, militaires non identifiés, militaires d'origine créole et tirailleurs sénégalais, militaires marocains, ou de la légion étrangère, avec, pour ces quatre dernières catégories de militaires, des indications d'identité très précises et aussi nombreuses que possible.

Le Bureau des Successions militaires se chargera désormais de la transmission des colis des militaires marocains au chef du bureau de comptabilité des troupes marocaines à Rabat.

Les chefs du service de santé doivent, au besoin, provoquer les ordres du commandement pour que les organes de l'armée coopérant aux divers services de transport soient tenus de recevoir les colis expédiés par les officiers de l'état civil et les officiers gestionnaires.

Les colis et relevés dont il sera question ci-après doivent être distincts pour chaque nationalité d'alliés.

Art. 6. *Valeurs, sommes et objets trouvés sur des cadavres non identifiés.* — Les sommes et valeurs seront remises au payeur au titre *des domaines*, à l'exception des espèces représentant une valeur de 20 francs ou moins et des pièces pouvant servir d'identification, qui seront envoyées au Bureau des Successions au même titre et sous la même forme que les bijoux.

Les objets divers sont envoyés au Bureau des Successions, distinctement, comme pour les militaires disparus.

Il est indispensable que les envois de colis de cette catégorie soient spéciaux et faits distinctement de ceux des autres décédés.

Art. 7. *Valeurs, sommes et objets ayant appartenu à des militaires disparus.* — La remise des *sommes* et valeurs aux payeurs, l'envoi des objets appartenant aux disparus, seront faits comme il est indiqué ci-dessus pour les militaires décédés. Les objets seront envoyés également au Bureau des Successions, mais *distinctement,* c'est-à-dire sans les mélanger en aucune façon avec un envoi d'objets ayant appartenu à des militaires décédés.

Art. 8. *Valeurs, sommes et objets trouvés dans des conditions imprévues.* — Ces valeurs, sommes et objets comprennent ceux trouvés sur les lieux de combat, mais non sur des cadavres, ceux perdus ou égarés, recueillis dans les cantonnements après le départ des troupes, formations diverses, ambulances, infirmeries de gare, trains sanitaires, gares régulatrices, etc., sans que le propriétaire ait pu être découvert.

Les valeurs et sommes d'argent seront remises au payeur au

titre des domaines, à l'exception des monnaies indiquées à l'article 6, pour lesquelles on suivra les règles qui s'y trouvent prescrites.

Les objets seront envoyés au Bureau des Successions distinctement comme pour les militaires disparus.

Art. 9. *Valeurs, sommes et objets trouvés sur les militaires ennemis décédés*. — Aux termes de la circulaire du 26 novembre 1915 (*B. O.*, p. 297), toute succession d'un militaire ennemi décédé sur le champ de bataille, dans une ambulance ou un hôpital de la zone des armées ou de l'intérieur ou dans un dépôt, fera l'objet d'un paquet individuel qui comprendra :

Les objets, sommes et valeurs composant la succession.

Le bordereau d'inventaire soigneusement collationné en deux exemplaires.

Un extrait intégral de l'acte de décès en double expédition toutes les fois qu'il aura pu être dressé ou à son défaut un procès-verbal d'inhumation ou un procès-verbal de constatation de décès.

Les valeurs et sommes ne seront *en aucun cas* versées aux payeurs aux armées ou dans les caisses publiques; elles seront intégralement et dans l'état où elles se trouveront envoyées au Bureau de Renseignements aux familles (Service des Prisonniers de guerre), sous pli cacheté et scellé, chargé et en franchise; il en sera de même des objets précieux.

Les objets seront envoyés au même bureau, distinctement, en suivant les prescriptions indiquées ci-dessus (1).

Art. 10. *Testaments*. — Si on trouve un testament en procédant à l'inventaire des objets laissés par un décédé, ce testament devra être adressé immédiatement au Bureau des Successions, sous pli rouge recommandé, accompagné d'un bordereau d'envoi donnant toutes les indications nécessaires sur l'identité du militaire, son recrutement, sa classe et son matricule de recrutement, les lieu et date de son décès.

Art. 11. *Correspondance et colis postaux arrivés postérieurement au décès*. — Cette correspondance et ces colis ne constituent pas des successions. Ils seront envoyés au dépôt du corps

---

(1) Nota. — En aucun cas, ces successions ne seront envoyées ni en tout ni en partie directement ou par intermédiaire aux familles; de même aucun renseignement au sujet de ces successions ne doit être fourni à qui que ce soit, toutes demandes seront transmises au bureau des renseignements aux familles qui a seul qualité pour y répondre.

auquel appartenait le décédé (Circulaire du 22 août 1914); celui-ci retournera les colis postaux à l'expéditeur et remettra les lettres au service des postes.

Art. 12. *Effets, valeurs et armes appartenant à l'Etat.* — Les effets d'habillement et de campement seront envoyés au magasin administratif le plus proche, désigné par le commandement.

Les armes, autres que celles personnelles, et les munitions seront versées dans les mêmes conditions au service de l'artillerie.

Les valeurs appartenant à l'Etat seront remises au Bureau de Comptabilité aux armées par l'intermédiaire du service trésor et postes.

Les documents militaires sont transmis par la voie hiérarchique à l'autorité militaire supérieure.

Section 2°. — Pièces administratives devant accompagner les envois.

Art. 13. *Dispositions générales.* — Tous les objets ou valeurs formant la succession de chaque décédé sont inscrits sur le carnet des successions (*B. O.*, É. M., vol. 82 *ter*, p. 9).

Il en sera de même en ce qui concerne les objets et valeurs faisant partie des autres catégories (non identifiés, disparus, alliés, ennemis, objets trouvés), dont il est question à la 1re section.

Le jour même de la remise pour l'expédition aux divers destinataires dont il a été fait mention plus haut, l'expéditeur doit envoyer par pli recommandé, à l'adresse du destinataire, les pièces indiquées ci-après, suivant la catégorie des militaires.

Art. 14. *Pour les militaires décédés :*

1° Un relevé de succession (modèle A) (1) établi en double expédition et comprenant pour chaque succession l'inventaire complet, tel qu'il est porté sur le carnet de successions, et l'adresse exacte de la famille et le recrutement du décédé. Ce relevé contiendra des renseignements exacts concernant la formation expéditrice (indication du corps de troupe ou du service, de sa subdivision s'il y a lieu, de la formation sanitaire avec mention des numéros sous lesquels elle est désignée, et numéro du secteur postal).

Il est *absolument indispensable* que ce document soit envoyé

---

(1) Ancien modèle 33 du Service de santé.

soit avant, soit au plus tard le jour même de l'expédition des objets, pour permettre la reconnaissance à l'arrivée, et ce sans attendre l'établissement des pièces ci-après si elles n'ont pu être fournies en temps utile;

2° Un bordereau d'envoi;

3° L'ordre de transport (partie jaune), s'il y a lieu;

4° Un bordereau (modèle B) (1) des sommes laissées, s'il en existe;

5° Le récépissé de versement remis par le payeur (modèle n° 8 de l'instruction du service de la Trésorerie aux armées du 31 octobre 1904), à moins que la mention de prise en charge par le payeur ne soit portée très exactement au bas de la quatrième page du bordereau des sommes laissées;

6° Le récépissé de remise au payeur des mandats-poste ou mandats-carte, s'il y a lieu (modèle C) (2).

Ces trois dernières pièces seront envoyées dès leur établissement.

Les relevés de successions et bordereaux de sommes laissées seront établis distinctement selon qu'il s'agit :

a) De militaires français;

b) De militaires d'origine créole;

c) De tirailleurs sénégalais;

d) De militaires marocains;

e) De militaires alliés (relevés distincts par puissance);

f) De militaires de la légion étrangère;

g) De militaires non identifiés.

Pour ces derniers, il devra être joint un procès-verbal détaillé faisant connaître les circonstances de la constatation du décès et autres renseignements pouvant faciliter les identifications futures. Le nom du militaire sera représenté par la lettre X;

h) De militaires ennemis.

Pour ces derniers, l'inventaire récapitulatif en deux exemplaires fera connaître, outre l'énumération article par article des objets et valeurs composant la succession, les renseignements concernant l'identité du décédé (nom, prénoms, régiment, compagnie, matricule si possible, ou à défaut tous renseignements pouvant permettre une identification ultérieure) (Circ. 26 novembre 1915).

Art. 15. *Pour les militaires disparus.* — 1° Un inventaire

---

1) Ancien modèle 32 du Service de santé.

(2) Ancien modèle 104 *bis* du Service de santé.

individuel, en double expédition (modèle D) (1) comprenant en outre nom, prénoms, grade, régiment, compagnie, classe. recrutement, numéro matricule du recrutement et l'adresse de la famille du disparu;

2° Une déclaration individuelle de versement à l'appui du récépissé de versement collectif de numéraire au payeur au titre de la Caisse des dépôts et consignations (modèle 1 de l'instruction du service de la Trésorerie aux armées du 31 octobre 1904, art. 9).

Art. 16. *Pour les valeurs, sommes et objets recueillis dans des conditions imprévues, telles qu'elles sont déterminées ci-dessus sous l'article 8.*

1° Un inventaire en double expédition;

2° Un relevé des sommes, valeurs ou mandats remis au payeur;

3° Les récépissés de ces remises;

4° Une note donnant tous renseignements utiles sur la découverte de ces objets.

CHAPITRE III.

OBJETS INCINÉRÉS.

Art. 17. Les documents, papiers divers et objets ayant servi à l'identification des décédés et qui devront être incinérés dans un but d'hygiène et de salubrité font l'objet d'un procès-verbal relatant toutes les indications qu'ils contenaient et à l'aide desquelles l'identité des décédés a été établie.

Une expédition de ce procès-verbal est adressée au Ministre, Service général des Pensions (Bureau des Archives) en même temps que l'extrait mensuel des procès-verbaux de constatation de décès (2).

---

(1) Ancien modèle 102 du service de santé (*B. O.*, vol. 81, p. 291).

(2) Un tableau synoptique résumant les indications ci-dessus est annexé à la présente instruction.

Il remplace celui joint à la dépêche ministérielle n° 9079 2/7 du 28 mai 1915, notifiée le 10 juin 1915 sous le n° 8197/S, modifiée par la note du G. Q. G. n° 6400/S du 15 octobre 1915. par la dépêche ministérielle du 13 novembre 1915 n° 618 5/7 (militaires marocains et complétée par la présente instruction.

SERVICE GÉNÉRAL DES PENSIONS.

SUCCESSIONS MILITAIRES.

TABLEAU SYNOPTIQUE

des opérations à effectuer par les Officiers des formations de l'avant pour le règlement et l'envoi :

1° des successions de militaires décédés ;
2° des biens des militaires disparus ;
3° des objets trouvés.

(Annexe à l'instruction pratique du 2 juillet 1916.)

ADRESSES :

I. — SERVICE GÉNÉRAL DES PENSIONS

Bureau des successions militaires : Paris, rue Lacretelle, 1 (xve), et pour les colis : Gare Montparnasse ;

Bureau des renseignements aux familles : Paris, Ecole militaire, avenue de la Motte-Picquet (viie) ;

Bureau des Archives : Paris, Ministère de la Guerre (viie).

II. — SERVICE DE SANTÉ

Bureau de comptabilité du Service de santé aux armées : Paris, rue Lacretelle, 1 (xve).

CATÉGORIES de MILITAIRES.	I. — Effets personnels : linge de corps : objets divers : porte-monnaie. portefeuilles, etc. ; documents personnels. II. — Livrets de Caisse d'épargne. III. — Livrets individuels, plaques d'identité. IV. — Cantines.	I. — Bons de poste ou mandats non touchés. II. — Lettres et colis non livrés au destinataire.	I. — Testaments. II. — Effets appartenant à l'Etat.

I. — Militaires

I. Militaires français décédés aux armées ou dans une formation sanitaire.	1° Un paquet par succession, sous toile plombé ou scellé, portant une étiquete avec indication précise des noms, prénoms, grade, régiment, compagnie, classe, recrutement, n° matricule de recrutement, domicile de la famille. Indication exacte de l'expéditeur. 2° Grouper les paquets en un colis parfaitement emballé et plombé. Les envoyer au bureau des successions à Paris en gare de Paris-Montparnasse. Ordre A avec mention des plombs. 3° Envoyer au bureau des successions, rue Lacretelle, par pli recommandé, les états de relevés des successions en double expédition comprenant le détail des objets et mentionnant les indications ci-dessus qui n'auraient pu être trouvées. 4° Cantines : les envoyer plombées avec les mêmes formalités.	1° *Bons de poste et mandats* non touchés, remis au payeur avec feuille de récépissé en double expédition. Remettre l'une de ces expéditions revêtue de la prise en charge du payeur à l'officier d'état civil ou au gestionnaire; celui ci l'adresse au bureau des successions militaires. 2° *Lettres et colis postaux* arrivés après le décès. Ne constituent pas des successions. A retourner au dépôt du corps auquel appartenait le militaire.	1° *Testaments.* Envoyer sous pli rouge au Bureau des successions avec bordereau contenant toutes indications relatives au militaire et à son décès. 2° *Effets d'habillement* et *campement.* Verser au magasin administratif désigné par le Commandement. 3° *Armes* (autres que personnelles) et munitions. Envoyer au service de l'artillerie. 4° *Valeurs* appartenant à *l'Etat.* Envoyer par les Trésor et Postes au Bureau de comptabilité aux armées. 5° *Documents* militaires. Envoyer par la voie hiérarchique à l'autorité militaire supérieure.
II. Militaires créoles.	*Idem* (porter toutes les indications concernant l'identité).	*Idem.*	*Idem.*
III. Tirailleurs sénégalais.	*Idem.*	*Idem.*	*Idem.*
IV. Militaires de la légion étrangère.	*Idem.*	*Idem.*	*Idem.*

NUMÉRAIRE, VALEURS, BIJOUX			
1° Monnaies françaises et monnaies étrangères acceptables dans les caisses publiques, excédant 2 fr. 2° Valeurs nominatives ou au porteur.	1° Monnaies étrangères n'ayant pas cours légal en France. 2° Bijoux, objets précieux, médailles, monnaies ayant le caractère de souvenir.	Monnaies françaises et monnaies étrangères acceptables dans les caisses publiques et n'excédant pas 2 fr.	OBSERVATIONS

décédés et identifiés.

A déposer au payeur au titre de la Caisse des Dépôts et Consignations. Etablir en double expédition un bordereau des sommes et valeurs versées. L'un pour le payeur, l'autre revêtu de l'accusé de réception du payeur, pour l'officier d'état civil ou le gestionnaire qui l'adressera avec le récépissé détaché du carnet à souches au Bureau des successions militaires.	Adresser au bureau des successions, dans des boîtes scellées, en franchise, sous chargement, par le service des Trésor et Postes. Porter le détail sur le relevé de successions. Mentionner cet envoi spécial avec indication du numéro de recommandation postale.	Laisser dans les porte-monnaie ou portefeuilles ; placer ceux-ci dans le paquet des successions comprenant les objets divers. Porter le détail sur le relevé en double expédition.	Etablir autant de relevés distincts qu'il y a catégories de militaires, telles qu'elles sont classées aux paragraphes la 1re colonne. Règlement sur le service santé, art. (B. O. 82, p. 7.) Envoyer les états avant ou au plus tard, même temps que les colis. Effectuer tous les envois au plus tard dans les 15 jours qui suivront le décès ou la disparition constatée.
Idem.	*Idem.*	*Idem.*	Dépêche ministérielle du mars 1916, 5059 2/7.
Idem.	*Idem.*	*Idem.*	*Idem.*
Idem.	*Idem.*	*Idem.*	

| CATÉGORIES de MILITAIRES. | I. — Effets personnels: linge de corps; objets divers: porte-monnaie, portefeuilles, etc.; documents personnels.
II. — Livret de Caisse d'épargne.
III. — Livrets individuels, plaques d'identité.
IV. — Cantines. | I. — Bons de poste ou mandats non touchés.
II. — Lettres et colis non livrés au destinataire. | I. — Testaments.
II. — Effets appartenant à l'Etat. |

I. — Militaires

V. Militaires marocains.	Comme pour les catégories I, II, III et IV.	Comme pour les catégories I, II, III et IV.	Comme pour les catégories I. II, III et IV.
I. Militaires alliés.	*Idem.* Grouper les colis et établir des relevés distincts pour chaque nationalité.	*Idem.*	*Idem.*

II. — Militaires non identifiés ou disparus.

II. Militaires tués non identifiés.	Comme pour les militaires français tués identifiés. Représenter le nom du décédé par la lettre X... Joindre à l'inventaire un procès-verbal détaillé faisant connaître les circonstances de la constatation de décès. Les envois de cette catégorie doivent être faits distinctement.		Comme pour les militaires français tués identifiés.
III. Militaires disparus.	Comme pour les militaires français tués identifiés. Les envois ne devront pas contenir d'objets appartenant à une autre catégorie de militaires. Un inventaire individuel en double expédition contiendra toutes indications, comme pour les militaires français décédés identifiés.	Comme pour les militaires français tués identifiés.	*Idem.*

NUMÉRAIRE, VALEURS, BIJOUX			OBSERVATIONS.
1° Monnaies françaises et monnaies étrangères acceptables dans les caisses publiques, excédant 2 fr. 2° Valeurs nominatives ou au porteur.	1° Monnaies étrangères n'ayant pas cours légal en France. 2° Bijoux, objets précieux, médailles, monnaies ayant le caractère de souvenir.	Monnaies françaises et monnaies étrangères acceptables dans les caisses publiques et n'excédant pas 2 fr.	

décédés et identifiés (*Suite*).

Idem. Dépôt au titre du Trésor public avec délivrance d'un mandat.	Comme pour les catégories I, II, III et IV.	Comme pour les catégories I, II, III et IV.	
Idem. Toutefois, le mandat sera délivré sur la caisse centrale et établi à l'ordre du Chef de bureau des successions. Le bordereau ne sera pas visé par le payeur.	*Idem*.	*Idem*.	

III. — Prisonniers ennemis décédés.

Comme pour les militaires français tués identifiés. La remise est faite au payeur au titre des Domaines ; néanmoins, la déclaration individuelle est envoyée au Bureau des successions.	Comme pour les militaires français tués identifiés. Porter le détail sur l'inventaire en double expédition.	Comme pour les militaires français tués identifiés.	Joindre de procès - verbaux relatant tout ce qui peut servir à identifier le décédé.
Comme pour les militaires français identifiés.	*Idem*.	*Idem*.	

CATÉGORIES de MILITAIRES.	I. — Effets personnels : linge de corps ; objets divers : porte-monnaie, portefeuilles, etc., documents personnels. II. — Livrets de Caisse d'épargne. III. — Livrets individuels, plaques d'identité. IV. — Cantines.	I. — Bons de poste ou mandats non touchés. II. — Lettres et colis non livrés au destinataire.	I. — Testaments. II. — Effets appartenant à l'Etat.

II. — Militaires non identifiés ou disparus.

IX. Militaires ennemis décédés.	Comme pour les militaires français tués identifiés. Grouper les paquets en un colis. Envoyer au Bureau des renseignements aux familles.		

IV. — Objets ramassés sur les lieux
Objets trouvés dans les cantonnements après le départ
dans les trains sanitaires, gares régulatrices,

X. Objets trouvés dans des conditions imprévues.		Envoyer au Bureau des successions, avec inventaire en et récépissés, et avec note donnant tous	

V. — Objets

I. Objets incinérés.		Envoyer au Bureau des archives un procès-verbal relatant les incinérés par mesure d'hygiène et ayant	

NUMÉRAIRE, VALEURS, BIJOUX			OBSERVATIONS.
1° Monnaies françaises et monnaies étrangères accepta-bles dans les caisses publi-ques, excédant 2 fr. 2° Valeurs nominatives ou au porteur.	1° Monnaies étrangères n'ayant pas cours légal en France. 2° Bijoux, objets précieux, médailles, monnaies ayant le caractère de souvenir.	Monnaies françaises et mon-naies étrangères acceptables dans les caisses publiques et n'excédant pas 2 fr.	

III. — Prisonniers ennemis décédés (*suite*).

Adresser en franchise, sous chargement, ainsi que les mandats-poste, au bureau des renseignements aux familles.

(Ne remettre, en aucun cas, les sommes et valeurs au Payeur.)

Convention de La Haye.

de combat, mais non sur des cadavres.

des troupes ou dans des formations sanitaires diverses, etc., sans que le propriétaire ait été découvert.

double expédition et relevé des valeurs remises au Payeur — renseignements sur la découverte des objets.

incinérés.

indications que contenaient les documents, papiers et objets été utilisés pour des identifications.

NOTE.

La loi du 18 février 1916 a institué au ministère de la guerre un service général des pensions, secours, renseignements aux familles, état civil et des successions militaires.

Le décret du 12 avril 1916 a organisé ce nouveau service et créé le *Bureau des Successions militaires* qui dépend du nouveau service et se trouve détaché du Bureau de comptabilité et de renseignements aux armées.

Ce dernier bureau reste dépendre du service de santé et est dénommé depuis *Bureau de Comptabilité du Service de Santé aux armées*.

MODÈLES.

Les anciennes formules actuellement en cours pourront être utilisées aussi longtemps qu'elles ne seront pas épuisées ; elles seront, lors de leur emploi, certifiées en se conformant aux modèles ci-après.

MODÈLE A.

—

Instruction pratique
du 2 juillet 1916.

○ ARMÉE

e CORPS D'ARMÉE

(1) Désignation détaillée
de l'organe expéditeur.

SERVICE GÉNÉRAL DES PENSIONS.

—

N° 285 *bis*
de la nomenclature spéciale

(1) SUCCESSIONS MILITAIRES.

RELEVÉ DE SUCCESSIONS

adressées au Chef du bureau des successions militaires.

NUMÉROS DU CARNET des successions.	NOMS ET PRÉNOMS.	GRADES.	CORPS.	DATE du DÉCÈS.	DOMICILE DE LA VEUVE ou des parents. — Commune, canton, département.	DÉTAIL DES PAPIERS, valeurs et objets composant la succession.	OBSER-VATIONS.
1	2	3	4	5	6	7	8

NOTA. — Ce relevé est établi en double expédition; il est adressé au Bureau des successions militaires, accompagné des bordereaux des sommes versées au payeur, des divers récépissés et objets composant les successions.

Une expédition, revêtue du récépissé du chef du Bureau des successions militaires chargé de la liquidation des successions, est renvoyée à l'expéditeur dans le plus bref délai.

NUMÉROS DU CARNET des successions.	NOMS ET PRÉNOMS.	GRADES.	CORPS.	DATE du DÉCÈS.	DOMICILE DE LA VEUVE ou des parents. — Commune, canton, département.	DÉTAIL DES PAPIERS, valeurs et objets composant la succession.	OBSER- VATIONS.
1	2	3	4	5	6	7	8

NUMÉROS DU CARNET des successions.	NOMS ET PRÉNOMS.	GRADES.	CORPS.	DATE du DÉCÈS.	DOMICILE DE LA VEUVE ou des parents. — Commune, canton, département.	DÉTAIL DES PAPIERS, valeurs et objets composant la succession.	OBSER-VATIONS.
1	2	3	4	5	6	7	8

A   , le   191

L'Officier d'État civil
ou *l'Officier d'administration*   *gestionnaire,*

Vu

Enregistré au bureau des successions militaires sous le n°   par l'Officier d'administration chargé de liquider les successions, lequel déclare avoir reçu les objets, papiers ou valeurs énoncés ci-dessus et en donner récépissé.

A   , le   191

L'Officier d'administration chargé du service,

Vu :

Le Chef de bureau des successions militaires,

MODÈLE B.

Instruction pratique
du 2 juillet 1916.

e ARMÉE

e CORPS D'ARMÉE.

(1) Désignation détaillée
de l'organe expéditeur.

SERVICE GÉNÉRAL DES PENSIONS.

SUCCESSIONS MILITAIRES.

(1)

N° 283 bis
de la Nomenclature
spéciale.

BORDEREAU des sommes laissées par les dénommés ci-dessous, et dont le montant a été versé au payeur au titre de la Caisse des dépôts et consignations.

NUMÉROS			CORPS ou ÉTABLISSEMENT auquel ils appartiennent.	NUMÉROS		NOMS ET PRÉNOMS.	GRADES.	DATE DU DÉCÈS OU DE LA DISPARITION.	MONTANT DES SOMMES VERSÉES.	OBSERVATIONS.
du carnet des successions.	du registre des entrées.	du registre des dépôts.		de la compagnie ou batterie.	matricule.					
1	2	3	4	5	6	7	8	9	10	11
						A REPORTER....				

NOTA. — Le bordereau, revêtu du récépissé du payeur, accompagné des récépissés à talon délivrés par la Caisse des dépôts et consignations et des récépissés des mandats ou bons de poste, est adressé au Bureau des successions militaires avant ou au plus tard avec les effets ou objets appartenant aux héritiers et les relevés des successions.

Il est établi des bordereaux distincts pour la Marine et pour chaque ministère.

Établir un état distinct pour les décédés et les disparus; indiquer la catégorie en tête de l'état.

NUMÉROS			CORPS ou ÉTABLISSE-MENT auquel ils appartiennent.	NUMÉROS		NOMS ET PRÉNOMS.	GRADES.	DATE DU DÉCÈS OU DE LA DISPARITION.	MONTANT DES SOMMES VERSÉES.	OBSERVATIONS.
du carnet des successions.	du registre des entrées.	du registre des dépôts.		de la compagnie ou batterie.	matricule.					
1	2	3	4	5	6	7	8	9	10	11
						REPORT.........				
						A REPORTER....				

NUMÉROS			CORPS ou ÉTABLISSEMENT auquel ils appartiennent.	NUMÉROS		NOMS ET PRÉNOMS.	GRADES.	DATE DU DÉCÈS ou de la disparition.	MONTANT des sommes versées.	OBSERVATIONS.
du carnet des successions.	du registre des entrées.	du registre des dépôts.		de la compagnie ou batterie.	matricule.					
1	2	3	4	5	6	7	8	9	10	11
						REPORT.........				
						A REPORTER...				

NUMÉROS			CORPS ou ÉTABLISSEMENT auquel ils appartiennent.	NUMÉROS		NOMS ET PRÉNOMS.	GRADES.	DATE DU DÉCÈS OU DE LA DISPARITION.	MONTANT DES SOMMES VERSÉES.	OBSERVATIONS.
du carnet des successions.	du registre des entrées.	du registre des dépôts.		de la compagnie ou batterie.	matricule.					
1	2	3	4	5	6	7	8	9	10	11
						REPORT.........				
						TOTAL.........				

CERTIFIÉ le présent bordereau à la somme de
    dont le montant a été versé à la Caisse des dépôts et
consignations.

A   , le   191 .

L'Officier d'état civil
ou *L'Officier d'administration gestionnaire,*

VU :

Le Payeur soussigné déclare avoir reçu la somme de
    montant du bordereau ci-dessus, et avoir délivré un
récépissé à talon nº en date de ce jour.

A   , le   191 .

MODÈLE C.

Instruction pratique
du 2 juillet 1916.

⸰ **ARMÉE**

⸰ CORPS D'ARMÉE

N° du Registre
des successions.

(1) Désignation détaillée de l'organe qui a effectué la remise.
(2) Nom, prénoms, grade, corps.
(3) Payeur ou Receveur des Postes.

SERVICE GÉNÉRAL DES PENSIONS

N° 286 *ter*
de la Nomenclature
spéciale.

SUCCESSIONS MILITAIRES.

RÉCÉPISSE.

*ETAT des mandats ou bons de poste laissés par
le nommé* { *décédé le*   19 ;
{ *disparu le*   19 ;
lesdits mandats ou bons remis au (3)

NUMÉROS des MANDATS ou bons. 1	DATES des MANDATS ou bons. 2	BUREAU EXPÉDITEUR 3	DÉSIGNATION de L'EXPÉDITEUR. 4	DU DESTINATAIRE. 5	MONTANT 6	OBSERVATIONS. 7
				TOTAL......		

CERTIFIÉ le présent état comprenant   bons et   mandats,
s'élevant à la somme de

A   , le   191 .

L'Officier d'état civil,
ou *L'Officier d'administration*   *gestionnaire,*

VU :

Le (3)   soussigné reconnaît avoir reçu les mandats et bons de poste énumérés ci-dessus.

A   , le   19

Le (3)

MODÈLE D.

Instruction pratique
du 2 juillet 1916.

• ARMÉE

ᵉ CORPS D'ARMÉE.

(1) Désignation détaillée
de l'organe expéditeur.
(2) Grade, nom, pré-
noms, corps ou service.

SERVICE GÉNÉRAL DES PENSIONS

SUCCESSIONS MILITAIRES

(1)

N° 286 *bis*
de la Nomenclature
spéciale.

*INVENTAIRE des effets et valeurs appartenant
à* (2) *disparu à , le
et transmis au bureau des successions militaires.*

DÉSIGNATION DES OBJETS ET VALEURS.	QUANTITÉS		OBSERVATIONS.
	en CHIFFRES.	EN LETTRES.	
1	2	3	4

En ce qui concerne les disparus, cet état est suffisant. Il n'y a point lieu de le récapituler
dans un relevé collectif.

DÉSIGNATION	QUANTITÉS		OBSERVATIONS.
DES OBJETS ET VALEURS.	en CHIFFRES.	EN LETTRES.	
1	2	3	4

A , le 191 .

L'Officier d'état civil,
ou *L'Officier d'administration* gestionnaire,

Vu :

Reçu les effets et valeurs mentionnés ci-dessus.

A Paris, le 19 .

L'Officier d'administration chargé du service,

Vu :
Le Chef du Bureau des successions militaires,

TABLE DES MATIÈRES

PARIS ET LIMOGES. — IMPRIMERIE ET LIBRAIRIE MILITAIRES CHARLES-LAVAUZELLE.

Imprimerie militaire
Henri CHARLES-LAVAUZELLE
PARIS ET LIMOGES